(450ᶜ)

CATALOGUE

ESTAMPES

ANCIENNES

Audran, Beatrizet, Berain, Bosse, Callot, Delaulne
Israël Silvestre, etc.

MODERNES

CARICATURES, EAUX-FORTES, ETC.

PORTRAITS

Edelinck, Masson, Nanteuil, etc.

ÉCOLE DU XVIIIᵉ SIÈCLE

Jeaurat, Lancret, Le Prince, etc.

DESSINS ANCIENS

DONT LA VENTE AURA LIEU

HOTEL DES COMMISSAIRES-PRISEURS

RUE DROUOT, 9, SALLE N° 4

AU PREMIER ÉTAGE

Les Vendredi 30 et Samedi 31 Janvier 1880

A UNE HEURE PRÉCISE

Mᵉ **MAURICE DELESTRE**, Commissaire-Priseur,
rue Drouot, 27,

Assisté de **M. VIGNÈRES**, Marchand d'Estampes,
rue de la Monnaie, 21, à l'entre-sol.

PARIS — 1880

1773 - 50
1652 -
—————
3425 - 50

Payé le	M.M.			32 -10%		
3 Mars	Meaume de Nancy	2485	50	797	84	1687
3 Mars	Lemarié	225	50	72	40	153
	X	286		91	80	194
3 Mars	Fonteneau	245	50	78	80 (25)	166
20 Févr. 1880	Lepere	101	50	32	90	68
Février	Hubert	65	50	21	(30)	44
en Compte	Delay Amérique	15		4	80	10
en Compte	Ulric Dasaijo	1				1
		3425	50	1099	55	2325

Yd 2533
8°

1º Berthier — offrande à Priape, le triomphe de Bacchus, — Chaponice sc. 2 p.
2 Boucher — le repos   Mme Jourdan sc.
3   "   —   la fidélité , sanguine ;   Demarteau —
4 D. Berthault — La place Louis XVI et la salle d'opéra — Beaublé sc.
5 J. Courtin — Danaé visitée par Jupiter —   Surugue 1722 sc.
6 M. Coypel — l'alliance de Venus et de Bacchus —   Le Bas sc.
7 Gillot — les 4 passions —   Audran sc. 4 p.
8 Jeaurat — enlèvement de police —   Duflos sc.
9 dº — l'opérateur Barri —   Balechou 1743 —
10 Huet — les Laveuses —   Jubier sc.
11 Lancret — le maître galant —   le Bas —
12 Le Brun — mariage de Louis XV —   Jeaurat sc. 9 p.
13 Le Clerc — le Bon logis ; sanguine, Bonnet sc.
14 dº — a beaucacher,   dº   dº
15 Le Prince — le bonheur du ménage — de Launay sc.
16 Natoire — actéon surprenant Diane — Desplaces sc.
17 Pater ? — halte des gardes suisses. — Le Bas
18 Raoux — (offrande à Priape) — Beauvarlet sc.
19 Regnaud — Junon empruntant la ceinture de Venus) — Miger sc.
   Vien — autel du jeune Bacchus — Glairon mondet sc.
? de Troy — (nymphes surprises)   Deschamps & Beauvarlet sc.
? Walderite — Récréation des bacchantes — Kaas sc.
23 Leclerc — Buste de jeune fille, sanguine, Bonnet sc.
   un carton

        Mr Fontereau   31 7 Crescui

ESTAMPES ANCIENNES

1 **Amling**. Otto donnant ordre de bâtir. In-fol.   1

2 **Anonyme**. Jason. Apollon et Marsyas, etc.   1
4 p.

3 **Audran** (Benoît). Vignettes pour Daphnis et   1   *Vig*
Chloé, édition du Régent, 8 p. et 2 Batailles.
10 p.

4 — David terrassant Goliath. d'ap. *Michel-Ange*,   1 . 50
2 compositions différentes peintes de chaque
côté d'une grande pierre, au musée du Louvre.
La Jurisprudence. — La Poésie, 2 p. d'après
Raphaël. 4 p. in-fol.

5 **Audran** (G.). Jésus mené au supplice, d'ap.   3   *Vig*
Mignard. Très-grand in-fol. doublé.

6 — Tentation de saint Antoine d'ap. *Carrache*,   3   *Vig*
avant dernier état (R. D. 23). — Saint Hyacinthe
(29), avant dernier état. — Martyre de saint
Laurent, d'ap. *Lesueur* (33), 1er état. — Énée
sauvant son père Anchise (50). 4 p.

7 **Beatrizet** (N.). Joseph expliquant ses songes   1
d'ap. *Raphaël* (R. D. 2), 1er état, avant *Ant,
Lafrery*. — Jérémie, 2 p.

8 — Jérémie, d'ap. *Michel-Ange* (R. D. 3), collé.

9 — Jésus ressuscitant la fille de Jaïr, d'ap. *G. Muciano* (R. D. 8). Très-belle ép.

10 — La Vierge assise au pied de la croix, d'ap. *M. Ange* (R. D. 17). Très-belle ép.

11 — Le Tibre, fleuve, d'ap. la statue antique (R. D. 100), 1er état. Très-belle ép.

12 — L'Océan (R. D. 101). Très-belle ép. avant-dernier état.

13 — Château Saint-Ange (R. D. 104), 1er état.

14 — Façade du palais Farnèse (R. D. 104), 1er état. Très-belle ép. un peu rognée du côté droit. — Panthéon de M. Agrippa. 2 p.

15 — Enlèvement de Ganimède, d'ap. *Michel-Ange* (attribué). Très-belle ép.

16 — Saint Michel, d'ap. *Raphaël* (28). — La Vierge au pied de la croix (17), d'ap. *M. Ange*. 2 p.

17 **Berain** (Jean). Monuments et cérémonies funèbres. 4 p. Très-belles ép.

18 — Cheminées à deux motifs, 6 p. Très-belles.

19 — Cheminées à deux motifs et titre, 6 p. Très-belles.

20 — Cheminées à deux motifs, 8 p. Très-belles.

21 — Candélabres, chapiteaux, balcons, 11 p. Très-belles.

22 — Grands panneaux en hauteur et en travers. 9 p. Très-belles.

23 **Bernard** (Samuel). Les apprêts de l'ensevelissement de Notre-Seigneur (R. D. 7), d'ap. *Champagne*.

24 **Bonasone.** Deux Satyres amènent au roi
Midas Silène qui s'était égaré (B. 89). Très-
belles ép.

25 **Bosse** (Abraham). Suite du Jardin de la No-
blesse, costumes d'hommes (D. 1302 à 1306,
1308, 1310 à 1312), 9 p., superbes, et 3 costumes de femmes, 12 p.

26 — La saignée (D. 1391). Superbe ép.

27 — Deux fumeurs (D. 1401). Rare.

28 **Bourdon** (Séb.). Sainte Famille (R. D. 16). —
Autre Sainte Famille, d'ap. lui, par *Mariette*.
Superbe. 2 p.

29 **Callot.** Les petites misères de la guerre. 7 p.

30 — Martyre de saint Sébastien, original et copie.
2 p.

31 — Tentation de saint Antoine. — Carrière de
Nancy et autres. 11 p.

32 **Callot.** Misères de la guerre. 16 p., copies.

33 **Camayeux.** École italienne et autre. 5 p.

34 **Carrache** (Annibal). Paysage avec la Sainte
Famille au repos. Petit in-fol., eau-forte.

35 **Cheron** (Elisabeth). Bacchus épouse Ariane
R. D., 7), In-4 en travers. Très-belle ép.

36 **Collaert.** Divinités maritimes, d'ap. *Philip.
Gall.* 4 p. grand in-8 en travers, superbes.

37 **Corneille** (M.-A.). Martyre de saint André
(R. D. 20), — Saint François d'Assise (23). 2 p.,
belles ép.

38 **Courtois** (Guillaume). La résurrection de
Lazare (R. D. 3), d'ap. *Tintoret.* Col. Brentano
de Francfort, pièce d'une grande rareté.

39 **Coypel** (A.). Judith (R. D. 2). — Démocrite, états différents (12). 4 p.

40 **Coypel** (Noël). La Vierge et l'enfant Jésus (R. D. 1), 1er état. Très-belle ép.

41 **Maître au Dé**. Saint Sébastien (B. 14). — Sacrifice à Priape (27). — Apollon et Marsias (31). 3 p.

42 — Les noces de Psyché (B. 38). — Victoire de Scipion sur Syphax (73). — Combat naval (78). 3 p.

43 **Defrey**. Etudes de figures de paysans et femmes, d'ap. *Lauwers*. 4 p. à l'eau-forte, superbes.

44 — Paysage, d'ap. *Rembrandt*. Superbe ép. Marge.

45 — Isaac bénissant Jacob, d'ap. *Flinck*. Superbe eau-forte in-4. Marge.

46 — Un architecte de la marine et sa femme, d'ap. *Rembrandt*. Petit in-fol., eau-forte très-belle.

47 — Le bon Samaritain, d'ap. *Rembrandt*. Superbe ép. in-fol. avant toute lettre, avant les contretailles sur le fichu de la femme.

48 — Le même avec la lettre. Superbe ép., toute marge.

49 — Tobie et sa famille prosternés devant l'ange qui disparaît à leurs yeux, d'ap. *Rembrandt*. C'est le graveur qui a le mieux reproduit ce tableau. Superbe ép., marge vierge.

50 **Delaune** (Ét.). Le Serpent d'airain, d'ap. *Jean Cousin*. Petit in-fol. (R. D. 61).

51 — Jacob luttant avec l'ange (R. D. 9) et autre sujet biblique. 2 p.

52 — Abondantia. — Bellum. — Africa. — America. 4 petites p. ovales.

53 — Les Graces, d'ap. l'antique, nues, — copie par *Léonard Gaultier*, elles ont des robes. 2 p.

54 **De Vivier**. Le corps du Christ dans le sépulcre (R. D. 1). Très belle ép.

55 **Dorigny**. Junon et Emblèmes. 7 p.

56 **Dubois** (B.). Alexandre et Diogène (R. D. 5).

57 **Durer** (D'ap.). Le Cheval de la mort. — Vierge au hibou, l'Encensoir d'ap. M. Schongauer, etc. 4 p.

58 **Dusart** (Corneille). Le Joueur de violon assis, intérieur flamand. Petit in-fol. Très-belle ép.

59 — La Fête flamande. In-fol. Très-belle ép.

60 **Ecole de Fontainebleau**. Allégories. 2 p. Belles ép.

61 — Le corps de Patrocle retiré du combat d'entre les Grecs et les Troyens. In-fol. par *Léon Davent*, d'ap. *Jules Romain* (B. 15). Très-belle ép.

62 — Les Troyens introduisant le cheval de bois dans leur ville. In-fol. Belle ép. (B. XVI, p. 394, n° 45).

63 **Ecole flamande**. Contes de La Fontaine de R. de Hooge, Berghem, Bloemaert, etc, 12 p.

64 — D'ap. Dujardin, P. Potter et Wouvermans. 4 p. in-fol., superbes et toute marge.

65 — L'Europe, l'Asie, l'Afrique, l'Amérique. 4 p. in-8 en travers.

2　66 **Ecole française**. K. Audran, Le Brun, Parocel, Silvestre, etc. 17 p.　　*Duchamp 1.50*

2　67 **Ecole italienne**, d'ap. Raphaël, P. Véronèse et autres. 14 p.　　*Duchamp 1.50*

1　68 **Edelinck**. Sainte Famille. Grand in-fol., d'ap. Le Brun. Belle ép.　　*Pitchoudin 30,*

1　69 **Edelinck** (J.), Etcocle et Polynice. 2 ép. différentes. — La prudence du chrétien. 2 états différents et autre par *Poilly*. 5 p.

5　70 **Everdingen**. Paysages à l'eau-forte. 24 p.　　*Duperray 15*

2　71 **Ferdinand** (Louis). Sainte Famille avec sainte Catherine. — Autre Sainte Famille. 2 p.

4　72 **Feti** (D'ap. Dom.). David vainqueur de Goliath. — La Mélancolie. 2 p. in-fol.　　*Willert 15*

1　73 **Focus**. Paysages à l'eau-forte. 4 p. in-fol.

5　74 **Françisque** (D'ap.), par *Théodore*. Paysages ronds (R. D. 1. 3. 4. 5. 6.). 7 p. dont 5 en 1er état. Superbes.　　*Berand 10*

1　75 — Paysages dont le (24). Grand in-fol. rare. 7 p.

1　76 **Goudt** (Comte de). Décapitation de saint Jean. Petite pièce ovale. Superbe ép. rare. — Tobie et l'Ange, d'ap. *Elsheimer*. 2 p.

1　77 **Guido Reni**. La Vierge et l'enfant Jésus (B. 1). Superbe ép., la marge du bas coupée. — La même avec G. R. F., au coin droit en bas, état non décrit. 2 p.

78 — Sainte Famille. La Vierge dirigée à gauche (B. 9), 1er état. Très-belle ép. avant le nom de Guido et 2e état avec le nom. 2 p.

79 — Saint Roch distribuant son bien aux pau-   1
vres (B. 53). — Sainte Famille, 1ᵉʳ état. 2 p.
très-belles.

80 **Huret**. Scènes de la vie du Christ. 10 p. in-   6 . 50
fol.

81 — Annonciation, Sainte Famille, etc. 3 p.   1

82 — Triomphe d'un potentat. Immense in-fol.   1 . 50
en 2 feuilles jointes, malade.

83 **Jordaens** (J.). Le Christ descendu de la croix   2
(Basan 11), *Bloteling excudit*.

84 — Jupiter et la chèvre Amalthée (Basan 19).   1

85 — Paysan tirant un bœuf par la queue   1 . 50
(Basan 30). 2 ép.   1

86 — Mercure et Argus. 1ᵉʳ état. 2 p.   1

87 **La Belle**. Le Reposoir. — Temple de la Con-   2
corde à Rome. 2 p.

88 **La Hyre**. Saintes Familles à l'eau-forte. 5 p.   4

89 **Le Clerc** (Séb.). Lettres ornées, fleurons,   2.1
entêtes de pages, etc., pour l'histoire d'Au-
vergne. 17 p. superbes.

90 — Académie des sciences, original et copie.   2 . 50
— Titre du livre d'architecture de Vitruve et
autre. 4 p.

91 — Titre des statuts de l'ordre du Saint-Esprit.   3 . 50
— Le corps de saint Louis transporté à Saint-
Denis. — Cosme III, etc., 6 p.

92 — Armoiries de Beringhen. — Démolition du   6
temple de Charenton, etc. 8 p.

93 — Lettres ornées et fleurons pour l'histoire de   5
Lorraine. 15 p.

94 — Apothéose d'Isis. Très-belle,   2 . 50

1 95 — Cérémonie du serment du marquis de Dan- *x*
geau. Petit in-fol., belle ép.

1.5o 96 — Sujets de l'histoire de Jésus, Tobie, petits *x*
costumes, etc. 20 p.

3.5o 97 **Le Pautre**. Sujets mythologiques. 6 p. *Lem*

2 98 **Lesueur** (D'ap.). Jésus, Marthe et Marie. —
Descente de croix. — Maladie d'Alexandre. —
Repos de Diane. 4 p. in-fol.

1 99 — Saint Paul à Ephèse, par *B. Audran*. Grand
in-fol., collé.

5 100 — Martyre de saint Protais. Immense in-fol.
par *G. Audran*, collé.

1 101 — Le Parnasse. — Plafond. — Nitocris. 4 p.

1 102 **Loir** (N.). Cléobis et Biton traînant le char de
leur mère. Très-belle ép. in-fol., 3e des 5 états
(R. D. 16). — Mort de Didon. — Sainte Famille,
3 p.

10 103 **Marc d'Angeli** dit Torbido del Moro. La
Sibylle Tiburtine et l'empereur Auguste (B. 3).
Très-belle ép. collée.

5 104 **Masson**. La Sainte Famille d'après *Mignard*. *Lem*
1er état, grand in-fol. Très-belle.

2 105 **Mellan**. Un Concile (III). 1er état avant les
fonds.

5.5o 106 **Mignard** (Pierre). Sainte Scholastique. In-fol.
très-belle ép. Seule pièce du maître.

11 107 **Montaigne** (M.). Marines (R. D. 9), 1er et 2e
états. — (13) 1er état. — (15) 1er état. — (19) 1er
état. 5 p. très-belles.

108 — Le Chariot (21). — Clair de lune (22). — Naufrage (23). — L'Hiver (25). — Vue de l'île de Malte (28), 1ᵉʳ état, 5 p.

109 **Morin** d'ap. *Poelemburch* (R. D. 99). La Caffarelle (100, 101), d'après *Fouquier* (104), d'après *Corneille* (106). Cinq Paysages. Très-belles ép.

110 **Ostade** (A. v.) Le Paysan qui rit (B. 4). 2ᵉ des 6 états. Très-belle.

111 — L'Homme et la Femme causant (B. 12), 3ᵉ des 5 états. Superbe ép.

112 — Le même, 4ᵉ état. Belle ép.

113 — Gueux enveloppé d'un manteau (B. 22), avant des travaux à la pointe sèche sur l'épaule.

114 — Trois Figures grotesques (B. 28), 3ᵉ des 5 états. Très-belle.

115 — Le Charlatan (B. 43), avant la retouche générale. Très-belle.

116 **Perelle**. Vues de Fontainebleau, Saint-Ouen, Versailles. 5 p.

117 — Paysages petit in-fol. Très-belles ép. avec marge; plusieurs suites de six pièces et diverses, en tout 40 p.

118 **Perrier** (Fr.). Sainte Famille (R. D. 1), 1ᵉʳ ét. — Autre Sainte Famille (2). — Autre Sainte Famille (3). 4 p.

119 — Fuite en Égypte (5), avant l'adresse de Mariette. — La Nativité (13). — Saint Sébastien. 3 p.

E. ANCIENNES.

120 **Pièces historiques**, Assassinat du duc de Guise. Grand in-4, superbe.

121 — Révolution à Harlem, 1492. — Un Conseil, et autre pièce. 3 p.

122 — Image miraculeuse de N.-D. de Bonne-Nouvelle, transférée de l'église ducale de Saint George dans l'église primatiale de Nancy, 1745. Petit in-fol.

123 **Poussin** (Nicolas). Son portrait de profil, petit in-fol., par *Ferdinand*. Très-belle ép.

124 — Assomption de la Vierge. In-fol.

125 — Testament d'Eudamidas, grand in-fol. par *Pesne*.

126 — Pyrrhus sauvé, in-fol. par *Chasteau*. Très-belle.

127 — Le Déluge. — Le Mariage. — Enfance de Jupiter. — Études sanguines et autres. 9 p.

128 — Pierre et Jean guérissant. — Le Ravissement de saint Paul, par *Chateau*, 2 p. in-fol. très-belles.

129 **Robasse** (J.). Repos de la Sainte Famille (R. D. VII), p. 167 (3), très-rare.

130 **Ribera** (J.). Saint Jérôme effrayé par l'ange qui trompette (B. 4), avant le raccord de la tache blanche sur la jambe droite. — Saint Jérôme écoutant la trompette tenue par deux mains (B. 5), avec les coulures d'eau-forte, 2 p.

131 — Le corps mort du Christ (B. 1). — Saint Jérôme lisant (3). 2 p. Très-belles.

132 **Roettiers** (F.). Moïse au passage de la mer Rouge. — Triomphe sur la mer. 2 eaux-fortes in-4. Superbes.

133 **Rousseau** (Jacques). Diane et ses nymphes (R. D. 7). 1ᵉʳ état avant les travaux du berceau et avant la raie sur le terrain en avant de la nymphe debout à droite.

134 **Rubens** (d'ap.). Mars va à la guerre. — Mars de retour de la guerre. 2 p. grand in-fol. par *Avril:*

135 **Rugendas.** Marches d'armées. 4 p. dont 2 avant toute lettre.

136 **Silvestre** (Israël). Rome en 4 feuilles montees 2 par 2 (Faucheux 28) vue en forme de frise. — Rome derrière l'église Saint-Pierre (29), 1ᵉʳ état, marge. — Église Saint-Pierre au Vatican (01), 1ᵉʳ état, marge. — Campo Vaccino (32), en 2 feuil. — Jardin de la vigne Farnese (34), en 2 feuilles, 1ᵉʳ état. — Palazzo Mazarini (35). 6 p. grand et très-grand in-fol. en longueur.

137 — Titre des villes de la Loire. In-fol., marge.

138 — Vue perspective de l'acquéduc d'Arcueil (167-2), magnifique ép. toute marge.

139 — Vue de l'Arsenal de Paris et du Mail (80-1). Superbe ép. toute marge.

140 — Avignon en 2 feuilles jointes (170). Très-belle ép., marge.

Bis

141 — Chably, ville franche et prévosté royale, en 2 feuilles jointes (183). Très-belle ép., toute marge.

12   ISRAEL SILVESTRE

142 — Chambord (184-1), en 2 feuilles.

143 — La Charité (190), en 2 feuilles. Très-belle,
toute marge.

144 — La Maison de Conflans (201), in-fol.

145 — Profil de la ville de Dieppe (208), in-fol.

146 — Dijon (209), en 2 feuilles. Superbe, toute
marge.

147 — Fontainebleau (216-22), en 2 feuilles jointes,
immense in-fol., grande marge. — (216-23)
grand in-fol., marge. — La cour du Cheval-
Blanc (216-28), 1er état, grand in-fol., marge.
— La cour des Fontaines (216-29), grand in-fol.
— (216-30), 5 p.

148 — Fréjus (217), en 2 feuilles jointes. Très-
belle, toute marge.

149 — Château de Gaillon (228-1), grand in-fol.

150 — Grenoble (222-1), en 2 feuilles jointes. Très-
belle ép., toute marge.

151 — Lyon (234-1) en 2 feuilles. Très-belle ép.,
marge.

152 — Lyon (234-2 à 8), suite complète de 7 pièces
in-fol., publiées par Robert Pigout. Superbes,
toute marge. On a joint la vue de la place des
Terreaux, où se voit la façade de l'Hôtel de
Ville. 8 p. très-rares.

153 — Château de Marimont (242), in-fol. Très-
belle.

154 — Marseille (204-1), en 2 feuilles. Très-belle,
toute marge.

155 — Profil de la ville de Meaux (247), grand in-fol.

156 — Maison de Mont-Louis à Menilmontant (238), grand in-fol.

157 — Paris, vue du pont des Tuileries (77), grand in-fol.

158 — Le Mail (118), in-fol. Superbe, toute marge.

159 — Palais des Tuileries, côté du jardin, avec le plan du 1er étage au rez-de-chaussée, en 2 feuilles grand in-fol. (161-2). — Vue du côté de l'entrée avec le plan du 1er étage au-dessus du rez-de-chaussée (161-3), en 2 feuilles grand in-fol. 2 p. Très-belles.

160 — Collége des Quatre-Nations (90-1). — Plan général du Palais-Royal, par *La Boissière*. 2 p. grand in-fol.

161 — Château de Meudon (250-6, 7, 8, 9, 10). 5 p. grand in-fol.

162 — Château de Monceaux (254-1, 2, 3). 3 p. grand in-fol.

163 — Pont-Neuf et l'île du Palais. Superbe ép. toute marge (130-1).

164 — Le Val-de-Grâce (101), grand in-fol.

165 — Profil de la ville de Pontoise (276-1). Très-belles ép. grand in-fol.

166 — Rouanne, en 2 feuilles, par *Perelle*. Très-belle ép., toute marge.

167 — Vue de la Maison de Saint-Clou (289-2), grand in-fol.

168 — Vue du Château neuf de Saint-Germain-en-Laye (292-3), grand in-fol. Très-belle ép., grande marge.

169 — La Maison de Saint-Ouen (296-1), grand in-fol.

170 — La Maison de Sceaux (298-2), grand in-fol.

171 — Ville et Château de Sedan (299), en 3 feuill. grand in-fol. jointes, toute marge.

172 — La ville de Tonnerre (306-1), en 2 feuilles jointes. Superbe, toute marge.

173 — Ville et Citadelle de Stenay (232-33), en 2 feuilles grand in-fol.

174 — Château de Vaux-le-Vicomte (311-6, 10, 11). 3 p. grand in-fol.

175 — Plan du Château et petit Parc de Versailles (317-5). — Perspective du Château (317-8, 12). 3 p. grand in-fol.

176 — Plan du Château et petit Parc de Vincennes. — Fontainebleau. — Marimont, etc. 4 p. in-fol.

177 — Vues de Fontainebleau. 10 p. superbes.

178 — Église et cour du Temple. — Maison abbatiale de Saint-Germain des Prez. 2 p. très-belles.

179 — Bastille. — Les Petits-Augustins. — Saint-Sulpice. — Église Sainte-Elisabeth. 4 petites p. rares, superbes.

180 — Tuileries. — Tour de Nesle. — Cours la Reine, etc. 4 p. superbes.

181 — Notre-Dame. — Saint-Martin des Champs. — Hôpital Saint-Louis. 5 p. très-belles.

182 — Palais d'Orléans, ci-devant Luxembourg. 6 p. superbes.

183 — Lyon. Saint-Nizier, les Jacobins, les Cordeliers, Maison de Ville, etc. 6 p. très-belles.

184 — Liancourt. — Église Saint-Pierre de Reims.
— Nancy. — Ruel et autres. 8 petites p.

185 — Église de Boulogne, Maison, Villeroy, Vincennes, etc. 6 p. très-belles.

186 — Châteaux de Verger, Verderone, Verneuil, etc. 6 p. très-belles.

187 — Bourbon-l'Archambaut, Fremont, Fresne, Tanlay et autres. 10 p.

188 — Vues d'Italie, suite complète de 8 p., 1er état avant le nom de Mariette et les numéros. Mariette dit que c'est une des plus belles suites du maître. Superbes ép.

189 — Titre des Vues de Rome, arc de Constantin et autres. 14 p.

190 — Vues d'Italie ; Rome, Venise, 23 p.

191 **Silvestre** (François). Son portrait in-fol. par *Desplaces*. Très-belle ép., marge.

192 — Abraham prêt à sacrifier son fils. — Médée, 2 p.

193 — Titre des Habillements des Turcs. — Titre de diverses pastorales dédiées au duc de Bretagne. — Titre de divers paysages dédiés au duc de Mortemart. 3 p.

194 **Silvestre** (Louis), l'aîné. Suite de divers paysages dédiés à J.-P. Bignon. 6 p. in-fol., dont le titre et une ép. du titre en 1er état. 7 p.

195 — Paysages gravés par Alexandre Silvestre d'après son frère et par *Chaufourier*. 10 p.

196 **Silvestre** (Louis de). Son portrait in-4 d'après *Cochin* par *Watelet*. Superbe, toute marge.

5   197 — Vue et perspective du Château de Meudon, petit in-fol. dédié à Monseigneur par son filleul. — Petit paysage. 2 p.

4   198 **Silvestre** (d'ap. Louis) le jeune. Apollon et Daphné, grand in-fol. par *Chateau*.

14   199 — Andromaque priant Ulysse de lui laisser son fils Astyanax. Très-grand in-fol. par *J. Audran*. Très-belle ép.

5   200 **Silvestre** (Nic.-Char.). Chasse au cerf d'après *Oudry*. Grand in-fol., très-belle ép.   *Durfort 10*

13   201 — La Fileuse, d'après *Dumont*. — Projet d'un plafond pour la galerie de la Banque, d'après *Le Moyne*. Très-grand in-fol. 2 p.   *Lesoufaché 10*

6.50   202 **Théodore** d'après *Francisque Millet*. Pay- X sages (B. 10 à 12, 14) et autres 6 p. dont 3 avec le nom de Simon, qui a été effacé plus tard.   *Berard 6*

3   203 **Tombeaux** de Saint-Remy de Reims et *Lesm* autres, catafalques, etc. 16 p.   *Varin 5*

16   204 **Woeiriot** (Pierre). Statues antiques de Rome. 6 petites p. rares.   *Wittert 15   Lesoufaché 15*

ESTAMPES MODERNES

3   205 **Baldus** (Héliogravure). Miroir et cassolette, d'ap. *René Boyvin* 3 p. superbes, toute marge.   *Guttin 2   Berard 4.50*

1   206 **Caporali** Le tre Grazie, d'ap. *Raphael*, in-fol. *Lem* tachée d'huile, toute marge.

207 **Caricatures anglaises**. *G. Cruikshansk* : Beauties of Brighton (1826) ; Monstrosities of 1827; A long Haded Minuet ! ! — 3 p. in-fol. en travers, coloriées.

208 — *G. Hunt* : Whist ; A real rubber ! at whist. — The comforts of life n° 2, 3. — 4 p. in-fol. en travers, coloriées.

209 — sur Wellington: A new species of ass…; The Jew and the doctor…; Cottage amusement, A Kick up among the wigs ; Old England's Protector; Political Blind man's buff. — 6 p. in-fol. en travers, coloriées

210 — Recreations ; Symptoms of Good-Living. n° 4; Coronation of the king of frogs, or Mummery François ! Retrenchment or John Bull Routinghis Rapacious Servants ; A King-fisher. — 5 p. in-fol. en travers, coloriées.

211 **Caricatures** politiques et autres tirées du journal, etc. 24 p.

212 **Chaplin**, Angélique. — Novembre et autre paysage à l'eau forte. 3 p. in-folio et 3 Bois 6 p.

213 **Charlet**, Eaux-fortes sur Chine et sur blanc 14 p. superbes.

214 **Chromolithographies** anglaises tirées de : The Illustrated London News, et vue du Palais de cristal, en noir. — 14 p.

215 **Costumes** divers, Modes, la plupart du XVIII° siècle de Compte Calix, Pauquet et autres, coloriés 40 p.

216 **Courtry**, intérieur hollandais d'ap. *P. de Hooch*, in-fol. sur Chine, avant la lettre, toute marge.

217 **Desenne** (d'ap). Vignettes pour divers ouvrages, 18 compositions sur 9 feuilles, superbes.

218 **Dessain** (E). Animaux, anes, chiens, chevaux et autres, paysages et figures 14 eaux-fortes sur 12 feuilles, très-belles ép. marge, rares.

219 **Eaux-fortes modernes**, tirées de la Gazette des Beaux-Arts et autres, 7 p.

220 **Eaux-fortes** diverses, *Daubigny* et autres 24 p.

221 **Gerard** (d'ap.), Daphnis et Chloé 6 p. in-4 avant la lettre, superbes, toute marge.

222 **Germain**. Pardon à N.-D. d'Auray sous Louis XIII. Très-grand in-fol. lithographie en couleur.

223 **Grandville**. Fables de Lavalette ép. d'essai, Eaux-fortes originales. 6 p.

224 — Principe de Grammaire 2 — Tribulations 8 — Jouissances de l'âge mûr, etc. 14 p. la plupart coloriées.

225 — Sujets sur bois, et épreuves du Charivari. — La silhouette, singeries sur Chine et autres 33 p.

226 — Grande course au clocher académique 3 p. grand in-fol.

227 — Métamorphoses du jour 24 p. la plupart coloriées.

228 — Pièces du journal la Caricature, 50 p. dont 29 grandes, la plupart coloriées.

229 — Les Métamorphoses du jour. Texte français et anglais, 84 p. coloriées. Très-belles ép. Album couvert en toile. 15

230 **Guerard** (Eug.). Cours de l'Aar. — Jameral, Duval. 2 lithog. in-fol. superbes. 1

231 — L'Orage, val oursine, lith. grand in-fol.

232 — Si jeunesse savait ? —Si vieillesse pouvait ? 2 p. grand in-fol. lith. coloriées. 2

233 **Heliogravure Armand Durand**, Boissieu, Durer enfant prodigue, Milatz, Ostade, Ribera, Teniers, Wille les vieilles femmes de Normandie, 8 p. superbes, toute marge. 3.50

234 **Lithographies**, Vues de Russie par *André Durand*. 8 ont les figures par *Raffet* 16 p. in-fol. belles. 1

235 — Charlet; Schaal; Fourmois; Lemud: enfance de Callot; etc. 12 p. 1.50

236 **Martial**. Paysage d'ap. Chintreuil.—Le Prussien. 2 eaux-fortes, toute marge. 2.50

237 **Murillo** d'ap.). Ste-Juste par *Blanchard*.—La Vierge et Jésus par *Dien* 2 p. in-fol. Très-belles, grande marge. 11

238 **Musée Français**. Passage du gué d'après *Claude Lorrain*, in-fol. avant la lettre par *Haldenwang*. — Un Manége par *Daudet* d'ap. *Wouvermans* 2 p. 3

239 **Orléans** (F. P. d') Chien courant, gravé à l'aquatinta. In-4° en travers. Très belle ép. sur Chine. 3.50

240 **Photographies**. St.-Sépulcre de St.-Mihiel (Meuse), 2 ép., différentes et Saint-Jean soutenant la Vierge, 3 p.

241 **Phototypie**. Grand autel des Douze-Dieux au Musée du Louvre 8 p.

242 **Schleich**. Santa-Maria d'ap. *Hess*, petit in-fol, sur Chine, toute marge, superbe.

243 **Vues**. Rouen : Cathédrale par *Chateau* ; Ancien charnier, St-Sauveur, et Ruines de la Commanderie S^e-Vaubourg, lith. par *André Durand*. — Cathédrale de Coutances. — 4 p. in-fol.

244 — Plan de Paris et ses faubourgs, par *Chalmandrier*. — Boulogne, 2.'—Hautes Pyrénées, 3. — Grande Chartreuse, 4. — Architectnre, etc. — 25 p.

PORTRAITS

245 **Audran** (B.) 1714 Fénelon d'ap, *Vivien* in-fol. ancienne ép.

246 **Audran** (Jean). F. Robert Secousse, curé de St-Eustache de Paris, grand in-fol. d'ap. *Rigaud* Trè-belle ép.

247 **Balechou**. Marie de Rohan, duchesse de Chevreuse, in-8°, très-belle ép.

248 — Anne Charlotte Gauthier de Loiscrolles femme d'Aved. in-fol. belle, sans marge.

240 **Boilly** (L.) 1832. Son portrait dans quatre positions différentes, lithog., in-fol., superbe ép. marge, rare.

250 **Boulanger** 1672. Leopold, emp. des Romains, in-fol.

251 **Calamatta**. La princesse Bonaparte à mi-corps, in-fol. Superbe ép. d'artiste.

252 **Cathelin**. Buffon, petit in-fol. d'ap. *Drouais*. Très-belle ép.

253 — Clairaut, in-4 d'ap. *Cochin*, belle ép.

254 — J. M. Terray, contrôleur des finances et ordonnateur des bâtiments in-fol. d'ap. *Roslin*, belle.

255 **Ceroni**. Duchesse de Mazarin d'ap. l'émail de *Petitot*. Superbe ép. sur Chine.

256 **Chereau**. Mattheus François Geoffroy parisien, Parmacien, in-fol. d'ap. *De Largillière*, superbe ép., toute marge.

257 **Coulet**. Victor-François duc de Broglie grand in-8, superbe ép., marge.

258 **Daullé**. Marie-Josephe, reine de Pologne, en pied. Très-gr. in-fol. d'ap. Louis de *Silvestre*.

259 **De Marcenay**. Le maréchal de Saxe, in-8.

260 **Demarteau**. Carle-Vanloo, à mi-corps, d'ap. lui-même, grand in-fol. Sanguine. Très-belle ép. toute marge.

261 **Devaux** (R.). Gerard Edelinck. In-fol. d'ap. *Tortebat*. Très-belle ép.

262 **Drevet** (P. L.). Louis, duc d'Orléans, grand in-4, d'après *Coypel*, avant les noms sur la console (D. 21).

7.50 263 — De la Vergne de Tressan, archevêque de Rouen, in-8, avant la lettre (dit le petit Bréviaire) (D. 32).

2 264 **Duflos**. Léopold Clément, prince de Lorraine, petit in-fol. belle ép.

12 265 **Edelinck**. (Gérard). Nathaniel Dilgerus (R. D. 185). Très-belle ép. rognée du haut et des côtés. — Pascal, 2 p.

4 266 — Antoine Furetiere, académicien (R. D. 209). Très-belle ép. in-fol.

8 267 — Nicolas de Malezieu, chancelier de Dombes (R. D. 265), grand in-fol.

2.50 268 — Nicolas Vérien, graveur, in-8 (R. D. 235), avant-dernier état.

2.50 269 — Louis XIV (255), premier état. — Moreri (280), 2 p.

270 — J. C. Parent de Bruxelles, in-fol. d'après Tortebat (R. D. 287), sans marge.

11 271 — Israël Silvestre avec la vue de Paris au bas (R. D. 319), belle ép.

12 272 **Edelinck** (Gaspard François). Cardinal Fr. Ximenes, profil in-4, très-belle ép.

3 273 **Edelinck** (N.). Adrian Baillet, prêtre du diocèse de Beauvais, in-4.

1.50 274 **Ficquet**. La Fontaine des fables, in-8.

2 275 **Gaillard**. Guil.' Fr. Joly de Fleury, grand in-fol. d'après Didier, superbe ép. marge vierge.

1 276 **Gaucher**. J. A. de Baïf. — Passerat. — Scévole de Sainte-Marthe, 3 p. remargées. — Destouches par Ingouf, 4 p.

277 **Girard.** Madame Duchesse d'Angoulême, tenant un petit médaillon, où se trouve Louis XVI et Marie Antoinette, in-fol., d'ap. Vauthier, superbe ép. marge.

278 **Girard.** Le prince Murat à mi-corps, grand in-fol. manière noire d'ap. *Gumen-Dupasquier* superbe ép. avant la lettre, toute marge.

279 **Gole.?** Marie Thérèse, reine de France, in-4.

280 **Guntz.** Marie Stuart. — Anne de Boulen de *Vermeulen*. — Marie d'Angleterre par *Böcklin*, 3 p.

281 **Henriquez.** D'Alembert. Petit in-fol. Très-belle.

282 — Pascal Paoli, in-fol. d'ap. *Drelling*. Superbe.

283 **Hubert.** Malesherbes. — Louis-Philippe Ier, coupé à l'ovale, 2 p. in-fol.

284 **Isac** (Iaspar). Loiseau, jurisconsulte, in-4. Collée en plein. Superbe.

285 **Larmessin** (De). Anne d'Autriche, avec six vers au bas, in-fol. sans marge. Très-belle ép.

286 **Lasne** (Michel). P. de Marcassus, in-4. D'ap. *Dumoustier*. Très-belle ép. Marge. Collect. Didot.

287 **Le Mire.** Jeanne d'Arc, d'ap. un ancien tableau de l'hôtel-de-ville d'Orléans, in-8. Superbe ép. Marge.

288 **Leu** (Th. de). Ch. de Bourbon-Soissons. — Duc de Lorraine-Aumale. — H. de Montpensier 3 p. in-8.

5   289 — Henri de Lorraine, marquis du Pont, in-8.
            Belle ép. (306).
3   290 **Louys.** Élisabeth, femme de Philippe IV, H
            d'ap. *Rubens*, in-fol. dans un entourage de
            fleurs.
27   291 **Masson** (Antoine). Brisacier, coupé à l'ovale.   Fontreau 10. Pitchoukin 20. Durand 9
            Très-belle ép. (R. D. 15). — Marin Cureau (24).
            2 p.
27   292 — P. Dupuis, peintre de fleurs. (R. D. 25).   Hubac 25 Herman 12. Duperray 3. Durand 12
            Superbe ép. 1er état.
1   293 — Mme Helyot, in-8. Le texte du bas coupé.
            (R. D. 36).
26   294 — L. Aug., duc du Maine, enfant, grandeur   Pitchoukin 25
            naturelle (R. D. 47).
11.50 295 — Gabriel de Roquette, in-fol.   Duperray 2.
7   296 — Duc de Chevreuse, Dupuy, Fourcy, Nicolaï,   Duperray 6
            4 p.
1   297 **Mellan** (Claude). Son portrait par lui-
            même, in-4. Avant la réduction de la planche,
            ép. rognée du bas.
2   298 — Saint Grégoire. — Saint Jérôme. — Titre de
            la vie des SS. Pères du désert, in-4. — La fa-
            mille de la Vierge. — Les deux Lois, 5 p.
6   299 — Cardinal Bentivoglio, in-4. Très-belle ép.   Pitchoukin 10
1.50   300 **Moncornet.** Elis. de Vandosme, duchesse
            de Nemours, in-8, avant les armoiries. Su-
            perbe.
1.50   301 — Célébrités diverses, 8 p.
3.50   302 **Moncornet** et autres. Célébrités diverses, H   Duchamp 1.
            10 p.

303 **Montagne** (N.). O'Moloy, prêtre irlandais (R. D. 28). Très-belle ép. 1er état.

304 **Morin**. Anne-Sophie Herbert, comtesse de Carnavon R. D. XI, p. 214 (56). 1er état, avec le nom de *Van Dyck*. Très-belle ép.

305 — Michel Le Tellier (76). Superbe ép. Collect Camberlin.

306 — N. Chrystin (R. D. 51). Très-belle ép. Marge.

307 — Amador de Vignerod, abbé de Richelieu (R. D. 85). Ép. avant des travaux, non décrit, sans marge.

308 — Vitré (Antoine). Superbe ép. avant beaucoup de travaux (R. D. 88).

309 **Muller**. Le duc d'Orléans (Louis-Philippe) en pied, en grand costume pour le sacre de Charles X, in-fol. Superbe ép. sur chine, toute marge.

310 **Nanteuil** (R.). Marquis de Castelnau, maréchal de France (R. D. 58). Superbe ép.

311 — Chapelain académicien (R. D. 60). Très-belle ép. avant-dernier état.

312 — Charles de Lorraine (R. D. 63). Très-belle ép.

313 — Bernard de Foix de Lavalette, duc d'Espernon (R. D. 91). 1er état. Belle ép., sans marge.

314 — Jean Fronteau, chanoine (R. D. 99). Très-belle ép. Marge.

315 — Michel de Masle, prieur des Roches (R. D. 126). 1er état.

316 — F. de La Mothe le Vayer (R. D. 143). Très-belle ép. — Lamoignon (120), 2 p.

317 — Gilles Ménage (R. D. 188). Très-belle ép.

318 — F. Th. de Nesmond, président à mortier (R. D. 201). Superbe ép.

319 — Georges de Scudéry, académicien (R. D. 221), 1er état. Très-belle ép.

320 — Denis Talon, grandeur naturelle (R. D. 229). 1er des 4 états.

321 — Barillon de Morengis (R. D. 31). — Ch. Paris d'Orléans, comté de Saint-Paul (219), rogné et collé, 2 p.

322 — Le Tellier. — H. de Lorraine de Mouy. — Brunswick Lünebourg, 3 p.

323 — P. Dupuis. — Lamoignon. — Scuderi, 3. p.

324 **Petit**. Marie-Thérèse, reine de Hongrie, in-fol. D'ap. *Meytens*.

325 — J. F. Phelypeaux, comte de Maurepas, en pied. D'ap. *Vanloo* le fils, in-fol. Très-belle ép.

326 **Picart** (Et.). André Hameau, in-fol. Belle ép.

327 **Pitteri**. J. B. Albrizzi, portrait grandeur naturelle. D'ap. *Piazetta*. Belle ép.

328 — Scipion Maffei, littérateur, grandeur naturelle. D'ap. *F. Lorenzi*. Superbe ép. Marge.

329 **Poilly**. Jules Paul de Lyonné, grandeur naturelle avant le nom de *Poilly*.

330 — Mazarin. Médaillon soutenu par des figures allégoriques, Thèse, très-grand in-fol. Belle ép.

331 **Pontius**. Alvar Bazan, d'ap. *Van Dyck*. Superbe ép. avec Mart. van den Enden et avec *Regior*, au lieu de *Belgior*. Marge.

332 **Roullet** (J. L.). Maréchal de Luxembourg, in-8 en travers pour son oraison funèbre.

333 — François de Poilly d'Abbeville, graveur, d'ap. lui-même, petit in-fol. Superbe ép.

334 — Louis XIV à mi-corps, d'ap. *Mignard*, grand in-fol. Malade.

335 **Sadeler**. Célébrités diverses, 6 p. Superbes.

336 **Saint-Aubin** (Aug. de). Benjamin Franklin, d'ap. *Cochin*, in-4. Avec des lunettes. Très-belle ép.

337 **Sandrart**. Léopold, roi des Romains. — Frédéric-Guillaume de Brandebourg, 2 p., petit in-fol.

338 **Schenck**. N. de Catinat en pied, petit in-fol. Très-belle ép.

339 **Schuppen** (Van). R. P. Louis Thomassin, oratorien, petit in-fol. Très-belle ép.

340 **Silvestre** (Suzanne), L'archiduc Albert, petit in-fol. D'ap. *Rubens*. Superbe ép. Margé.

341 — Don Alvar Bazan, tête forte comme nature. D'ap. *Van Dyck*. Suzanne n'avait pas vingt ans. Superbe ép. d'une pièce très-rare, in-fol.

342 — Le duc de Bourgogne à mi-corps, in-fol. 1ᵉʳ état avant la bordure et avant beaucoup de travaux. Rare.

343 — Le même, avec la bordure et avec la lettre. Belle ép.

344 — Limagne, banquier, grand in-4. D'ap. *Van Dyck*.

345 — Têtes de Mallery et de Montade, 2 p. D'ap. *Van Dyck*.

346 — Jean Nocret, peintre, d'ap. lui-même, petit in-fol. Superbe ép. Toute marge.

347 — Jacques Thuret, petit in-fol. D'ap. *Vivien.* Très-belle ép. Marge.

348 **Skelton.** Louis-Philippe Ier en pied.—Louise d'Orléans, reine des Belges, à mi-corps, par *Manigaud,* 2 manière noire, in-fol. Très-belles ép. Toute marge.

349 **Surugue.** Etienne-François Geoffroy, Parisien, médecin, in-fol. D'ap. *de Largillière.* Superbe ép. Toute marge.

350 **Suyderoef.** Jeanne, femme de Philippe Ier, in-fol. Dans un entourage de fleurs. D'ap. *Soutman.* Sans Marge.

351 **Tanjé.** Maurice de Nassau, in-fol. Superbe ép. D'ap. *Mireveit.*

352 — Frédéric-Henri, prince d'Orange, in-fol. Très-belle ép.

353 **Vernet** (H.). Dupin aîné. — Général Foy, 2 lithog.

354 **Vertue.** Henri VIII d'Angleterre, petit in-fol.

355 **Visscher** (N.). James II, roi d'Angleterre, in-fol.

356 **White.** Charles III, roi d'Espagne, petit in-fol.

357 **Wille** (J.-G.). Louis XV, d'ap. le buste de *Le Moine,* in-fol. Très-belle ép. Marge.

358 — Maurice de Saxe, d'ap. Rigaud, in-fol. Très-belle ép. Marge.

359 **Lorraine.** Charlotte-Marie. — Marguerite, duchesse d'Orléans. — Marie A. Éléonore, duchesse. — Béatrix de Cusance de Contecroix. Charles, duc de Bar. — Charles de Guise et Joinville. — Claude, duc de Chevreuse, 7 p. Belles ép.

360 **Marie Leczinska,** reine de France, 5 p. différentes.

361 **Marie de Médicis,** à mi-corps, de la galerie Cardinal, in-fol.

362 **Montmorency** (Henri de) et D'Ampville, in-4 et in-8, 2 p.

363 **Artistes.** B. Audran. J. V. Balen. — Callot, 3 p.

364 **Portraits.** Sainte Thérèse, Pie IX, Béranger, Henri IV, Napoléon, Apothéose du général Foy, etc., 11 p. in-fol.

365 — Bonaparte, général, en pied. — Charles de Bonaparte. — Stéphanie, in-fol., 3 p.

366 — Des ducs de Brunswick, Hesse et autres, gravés et lithog., 14 p. in-fol.

367 — De femmes célèbres, princesses, etc. Riches costumes, 7 p. in-fol.

368 — Th. Moore. — F. de Neufchâteau, 2 p.

369 — Généraux Bedeau, Cavaignac, Duvivier, Négrier, lithog., et Desaix, gravé, 5 p. in-fol.

370 — Célébrités diverses. Ducs de Saxe et autres étrangers, 44 p. 3 lots.

ESTAMPES DU XVIII° SIÈCLE

371 **Baudouin**. Exercice de l'infanterie française
ord. du Roy, 6 may 1755. Le titre d'ap. *Pierre*,
légèrement colorié et malade. Fleuron d'ap.
Saint-Aubin. Les n°² 2, 3, 4, 5, 6, 7, 8, 16, 63
ont été légèrement coloriés. Vol, in-fol., demi-
rel. Grandes marges.

372 **Baudouin** (D'ap.). Jeune fille regardant deux
tourterelles. L'amant entrant par la fenêtre,
2 p. Par *Choffard*, 1767, 1782.

373 **Berthault**. La place de Louis XVI et la salle
de l'Opéra, projet pour le Carrousel en face des
Tuileries, in-fol. Belle ép. Marge.

374 **Berthier** (D'ap.). Offrande à Priape. — Le
Triomphe de Bacchus, par *Chaponice*, 2 p.
in-fol.

375 **Boissieu**. Paysages à l'eau-forte, cahier de
6 p.

376 — Les femmes à la fontaine, in-fol.

377 **Boucher** (D'ap.). Elle mord à la grappe. — De
trois choses en ferez-vous une, 2 p. petit in-
fol. Belles ép. Sans marge.

378 — Le Repos? in-fol. par Mme *Jourdan*. Belle
ép.

379 — La Fidélité, in-4. Sanguine, par *Demarteau*.
Très-belle ép.

380 **Courtin** (D'ap.). Danaé visitée par Jupiter
métamorphosé en pluie d'or, in-fol. par
Surugue. Belle ép. Marge.

381 **Coypel** (D'ap.). L'Alliance de Bacchus et de Vénus. In-fol. par *Le Bas*. Très-belle ép. marge.   15,50

382 **De Launay**. J'y passerai, d'ap. *A. Borel*. La Cachette découverte, d'ap. *Fragonard*. 2 p. petit in-fol. en travers.   5,50

383 **Demarteau**. Sainte présentant un lys à l'enfant Jésus tenu par la Vierge, in-4, d'après *Cochin*. Sanguine (142). Belle ép.   2

384 **Denon**. Sujets divers à l'eau-forte. 26 p.   2

385 **De Trois** (D'ap.). Trois Nymphes au bain surprises, par F^{se} Deschamps f° *Beauvarlet*. Grand in-fol. Superbe ép. marge.   6

386 **Duplessis-Bertaux**. Arrivée de Louis XVIII. Petit in-fol. Superbe eau-forte pure, avec la petite tête au coin de la planche. Marge vierge.   16

387 **Fratrel**. Saint-Nicolas. Très-belle ép. marge.   2

388 **Gamelin** (D'ap.). Des Joueurs surpris de l'apparition de la mort, in-4, par *Lavalée*. Rare.   1

389 **Gillot**. Sabbat des Sorcières, avec le portrait au milieu. Très-belle ép.   3

390 —. La Passion des Richesses — de l'Amour — de la Guerre — du Jeu. 4 p. Belles.   6

391 **Haldenwang**. Chute du Rhin au pays des Grisons. — Oberhassli. — Der Metterstrahl. 3 p., très-grand in-fol.: dont 2 en bistre.   1

392 **Henriquez** (B.-L.). Jupiter et Io, d'ap. *G.-V. Eeckhout*. In-fol.   8

393 **Huet** (D'ap.). Les Laveuses, in-fol. relevé de couleur, par *Jubier*. Très-belle ép.   11

394 **Jeaurat** (D'ap. E.). Le Mari jaloux, in-fol., par
Balechou. Très-belle ép.

395 **Jeaurat** (D'ap.). L'Opérateur Barri, in-fol.,
par *Balechou*, 1743. Magnifique ép. Toute
marge.

396 — Enlèvement de police, par *Cl. Duflos*. In-
fol.

397 **Jeaurat** (E.). 1728, Entrevue de Louis XIV et
Philippe IV. — 1731, Mariage de Louis XIV
avec Marie-Thérèse. 2 p. in-fol. D'ap. *Le Brun*.
Tapisseries du roi.

398 **Lancret** (D'ap.). D'un baiser que Tircis, in-
fol., par *Suzanne Silvestre*.

399 — Veux-tu d'une inhumaine, in-fol., par
Suzanne Silvestre.

400 — Trop indolent Tircis, in-fol., par *Suzanne
Silvestre*.

401 — Que le cœur d'un amant, in-fol., par
Suzanne Silvestre.

402 — Le Maître galant, grand in-fol., par *Le Bas*.

403 **Le Clerc** (D'ap.). Le bon Logis. — A beau
cacher, 2 p. sanguine, par *L. Bonnet*. Superbes ép. marge. Rares. (Ce sont des vues de
Paris, on voit les coins des rues Vide-Gousset
et Neuve-Saint-Eustache).

404 — Jeune Fille en buste, sanguine petit in-fol.,
par *Bonnet*. Superbe ép.

405 **Le Prince**. Habillements de diverses nations.
Dédié à M. Pajou, le 4 manque. 5 p. superbes.
Marges.

406 — Divers Habillements des femmes de Mosco- 1
vie. Dédié à M. Lagrenée. Suite de 6 p. Com-
plet.

407 — La même suite, manque le 3. — 5 p.

408 — 2ᵉ suite d'Habillements des femmes de Mos- 1
covie, le 3 manque. 5 p. superbes. Toute
marge.

409 — Divers Ajustements et Usages de Russie. 1
Dédié à M. Boucher. Suite de 8 p. In-4.

410 — Divers Habillements des prêtres de Russie, 0
le 9 manque. 9 p. Superbes. In-4. Marge.

411 — Les Strelits, milice de Russie détruite par 22
Pierre-le-Grand. Suite de 8 p.

412 — Première suite de cris de marchands de 2.5
Pétersbourg et de Moscou, dédié à M. Chardin.
Suite de 6 p.

413 — Deuxième suite de divers cris de mar- 1
chands de Russie 1. Les Marchands de pois-
sons gelés 3. La Promenade en hiver. — La
Complaisance. 4 p. in-4 en travers. Très-belles.

414 — Troisième suite de divers cris de mar- 1.5
chands de Russie Suite de 6 p.

415 — Diverses vues de Livonie. 6 très-petites p. 1
en travers. Très-rares.

416 — Vue des environs de Saint-Pétersbourg.
2 p. in-4 différentes.

417 — La Basse-Cour. — Le Colombier. — La 1
Vertu au cabaret. — Le Printemps. — L'Hiver.
etc. 8 p.

418 — Habillements des peuples du Nord. — Cris 1
des marchands de Russie. 10 p.

419 — Le Chariot. — Le Port. — Les Voyageurs. — Le Joueur de chalumeau. — Le Joueur de balalaye. — 2ᵉ suite d'habillements de diverses nations 6. En tout 15 p., plusieurs avec états différents, en bistre.

420 — Kalmouck. — Janissaire. — Marchand de gateaux et autre. In-4 en bistre. 5 fr.

421 — La Danse russe. 2 états. — Récréation champêtre, 3 p. in-fol. en bistre, superbes, sans marge.

422 — Le Repos. In-fol. en bistre, sans marge.

423 — Le Bœuf. — Le Berceau. — La Lampe polonaise. — Le Poêle. — La Baraque russe. — Le Pont russe. 2 états. — Le Cabaret ambulant. 8 p. en bistre en travers, superbes ép., sans marge.

424 — La Ferme. — La Cascade. — Les Filets. — Les Barques, 2 états. — La Cuisine d'été, 2 états. — Jésus au milieu des docteurs. 8 p, en bistre en travers. Superbes ép., sans marge.

425 — 1ʳᵉ et 2ᵉ Pastorale, chaque en 2 états. — La grande Pastorale avec le satyre. 5 p. en bistre, en travers. Superbes ép., sans marge.

426 **Le Prince** (D'ap.), Le Bonheur du ménage. In-fol. par *De Launay*.

427 **Levachez**. Chasse aux canards sauvages. — Collection des chansons, etc. 4 p. manière noire in-4.

428 **Natoire** (D'ap.) Diane et ses Nymphes au bain surprises par Actéon. Grand in-fol. par *Desplaces*. Superbe ép., toute marge.

429 **Ornements**. Serrurerie, lampes, balcons, chaire, etc. 12 p. — 6

430 **Parrocel** (C.). Cavalier (R. D. 31. 32. 33). — Combat de cavalerie (36). — En buvant chopine. 4 p. à l'eau-forte. — 5.50

431 **Parocel** (D'ap.). Halte des Gardes-Suisses. Grand in-fol. par *Le Bas*. — 2.50

432 **Pièces historiques**. The funeral procession of Bonaparte, par *Alken* et *Sutherland*. Les droits de l'Homme, assignats ; etc. — 11 p. — 5

433 **Pierre** (J. B. M.). Saint-Charles Berromée, communiant les pestiférés (de B. 4), ép. marge. — 3

434 **Prud'hon** (d'ap.) Minerve alimentant les sciences et les arts, in-8, par Mlle *Bleuze*, superbe ép. marge. — 12

435 — Abrocome et Anzia. — Aminta, 4 p. in-8. Tres-belle. — 7

436 **Raoux** (d'àp.). Offrande à Priape. in-fol. par *Beauvarlet*, très-belle ép. grande marge. — 5

437 **Raoux** (d'ap.). Angelique et Medor in-fol. par *De Launay*, très belle ép. — 10

438 **Regnaud** (d'ap.). Junon empruntant la Ceinture de Vénus, in-fol. par *Miger*, superbe ép. marge vierge. — 5

439 **Robert** (H.). Les soirées de Rome, petites eaux fortes, 9 p. le n° 4 manque. — 11

440 **Strange**. Belisarius d'ap. *Salvator-Rosa*, in-fol., belle ép. marge. — 15

441 **Vernet** (d'ap. C.). Charge de lancier français, par *Coqueret*, en couleur. — 4

442 **Vien** (d'ap.). Autel du jeune Bacchus, in-fol.
par *Glairon-Mondet*, superbe ép. marge.

443 **Walderise** (d'ap.). Récréation des Bacchantes,
in-fol. par *Haas*, belle ép.

444 **Wille**, Le concert de famille. — L'instruction
paternelle, 2 p. in-fol. toute marge.

445 **Divers**. Vénus et l'amour, d'ap. *Boucher*. —
Vénus qui se mire, d'ap. *Titien*, 2 p. in-4.

446 — Monuments de *Riedel*, Statues, batailles,
16 p.

447 — Ecole du XVIIIᵉ. Parocel, etc. 12 p.

448 — Scènes historiques, modernes, gravées et
lithog. 10 p.

449 — Petits sujets, vignettes diverses, 40 p.

DESSINS ANCIENS

450 ANONYME. Dessins au bistre de Squelettes en
position des Statuettes antiques et autres, 8 p.
et 4 gravures d'après. — 8 gravures différentes
sans les dessins, en tout 20 p.

451 — Paysage animé, avec chaumière, rivière, à
l'encre de Chine, beau dessin, in-fol en longueur.

452 — Moulin à eau, aquarelle in-fol.

453 — Costumes de modes, de femmes et d'hommes, 3 aquarelles in-4.

454 BEICH. Cavaliers au bas de la montagne où se trouvent les ruines du Temple, à Tivoli, à la plume, lavé de bistre.

455 BOISSIEU. L'Étable, le Fermier et sa famille. Reproduction du dessin par un procédé.

456 BRIL. Barque à voile. — Paysage, 2 dessins à la plume.

457 CALF. Nature morte à l'encre de Chine. — Oiseaux à la plume, 4 dessins.

458 CAMPI. Sainte Famille, pierre d'Italie.

459 CARRACHE. L'Ensevelissement au bistre, beau dessin.

460 DORNER, 1827. Paysage, aquarelle in-fol.

461 ELZHEIMER. Paysage à la plume.

462 FLAMEN. Berger et ses Moutons, Fabrique, et deux Saules en avant. Plume et encre de Chine.

463 GELLÉE (Claude Lorrain). Paysage en hauteur, à l'encre de Chine; deux arbres.

464 — Bateaux et Chaloupes au bistre. 3 dessins pourront être divisés.

465 HOUEL. Ruines, aquarelles in-fol.

466 JEAURAT. Vénus assise sur des nuages; elle montre du doigt son char, qui est à droite. Joli dessin sanguine, rehaussé de blanc, in-fol.

467 KUIPERLIN. Paysage bistre, relevé de couleur. Signé.

468 MILLET (Francisque) ou Théodore. Paysage à la plume et au crayon, 6 p. Pourra être divisé.

4.50 469 — Paysages à la plume bistre, et lavé d'encre de Chine, 5 beaux dessins.   *Duchamp. 2*

10 470 — Vues et Paysages à l'encre de Chine, 5 très-beaux dessins. Pourra être divisé.   *Duchamp 2.50*

2.50 471 MOLA. Paysages, avec figures, plume lavée de sanguine et encre de Chine.

5 472 MOLYN le fils. Port de débarquement, petit dessin, pierre d'Italie.   *Gyzoux 10*

4 473 NATOIRE? Tête de jeune fille. Crayon noir, rehaussé de blanc.   *Duchamp. 1*

3 474 NICOLO DE L'ABBATE. Annonciation, beau dessin au bistre.   *Gyzoux 10 Duchamp 1*

3.50 475 OSTADE (d'ap.). Les Chanteurs à la fenêtre, effet de lumière, à l'encre de Chine.   *Duchamp 1*

16.0 476 PENNI dit le Fattore. Fragment de l'Olympe, sept petites figures à la plume, rehaussé de blanc.   *Duchamp 1*

3.50 477 POELEMBOURG. Ruines à l'encre de Chine et au bistre, 5 dessins. Pourra être divisé.   *Duchamp 2.50*

8 478 POUSSIN. Étude pour le Maître d'École des Falisques, plume et encre de Chine. — Paysage plume, relevé de couleur, 2 p.   *Hédou 5 Duchamp 2.*

25 479 PUGET. Soldat romain. — Deux Figures pour cariatides, 2 dessins au bistre.   *P. Arbaud 40 Duchamp 1.*

6 480 ROBERT (Hubert). Fontaine avec statues antiques, Laveuses sanguine.   *Hédou 5 Duchamp 1. Berard 8*

1.50 481 SAVRY. Études de quatre troncs d'arbres, aquarelle, au revers trois chaloupes, à la plume.

482 SWANEVELD (H.). Vue d'Italie. — Grotte, 2 *2. 50*
dessins à l'encre de Chine.

483 VOS (Martin de). Saint soutenant une Croix *5. 50*
prêche le peuple, à la plume. Lavé.

484 DESSINS divers. Paysages au crayon, plume, *5. 50*
encre de chine, bistre et aquarelles, 21 p.

485 — Sujets religieux sanguine, plume et bistre,
14 p.

486 — École flamande, crayon, encre de Chine et
bistre, 12 p.

487 — École française, encre de Chine, bistre et *6. 50*
aquarelle 10 p.

488 — Compositions diverses, scène d'enfants. Intérieur d'église, etc. 16 dessins.

489 Volume de papier de couleur, avec papier de
soie, contenant 16 dessins et lithog.

490 Les portefeuilles de la Collection.

L'ART DU XVIIIᵉ SIÈCLE

DE MM. DE GONCOURT

15 Portraits gravés par Adolphe VARIN

GONCOURT (Jules de) auteur.
GONCOURT (Edmond de) auteur.

MOREAU le jeune, dessinateur et graveur.
FRAGONARD (Honoré), peintre et graveur.
COCHIN, dessinateur et graveur.
PRUDHON, peintre et graveur.
CHARDIN (J.-Siméon), peintre.
GREUZE, peintre.
GRAVELOT, dessinateur,
SAINT-AUBIN (Aug.), dessinateur et graveur.
BOUCHER, peintre.
WATTEAU, peintre,
DEBUCOURT, dessinateur et graveur.
LATOUR (M. Quentin de), peintre au pastel.
EISEN, dessinateur.

CES 13 PORTRAITS PEUVENT ILLUSTRER

LES DESSINATEURS D'ILLUSTRATIONS AU XVIIIᵉ SIÈCLE

Par M. le baron Roger de PORTALIS

GILLOT (Claude) dessinateur, graveur, par Legenisel.
WATELET (Claude-Henri), artiste amateur, par Legenisel.
L'ABBÉ DE SAINT-NON, auteur du *Voyage en Sicile.*
CHOFFARD (P.-Ph.), dessinateur de fleurons, par A. Varin.
BARON REGNAULT (J.-B.), peintre, par Legenisel.
LE COMTE (Marguerite), amie de Watelet, par Perronard.
GAUCHER, graveur, par Adolphe Varin.
WILLE (Jean-Georges), graveur, par Adolphe Varin.
DE MARCENAY DE GUY, graveur, dessinateur, par Legenisel.
DE LAUNAY (Nicolas), graveur, par Adolphe Varin.

AVANT LA LETTRE OU LETTRE GRISE

Bistre ou noir sur chine........................ 2 fr. 50
Bistre ou noir sur blanc........................ 2   »

AVEC LA LETTRE

Bistre ou noir sur chine........................ 1 fr. 25
Bistre ou noir sur blanc........................ 1

Chez VIGNÈRES, rue de la Monnaie, 21, à Paris

Vᵉˢ Renou, Maulde et Cock, impⁿ de la Cⁱᵉ des Commissaires-Priseurs, rue de Rivoli, 144.   2872

770 Catalogues à 10ᶜ	77		3,425 50
11 Mains chemise	16 50		
Honoraires 10 %	342 50		
		436	
75 affiches colombier et afficheur	45 50		
Insertions au Moniteur des Ventes	15 10		
Déclaration de Vente	2 20		
Timbre du Procès Verbal	7 20		
Enregistrement	89 75		
Versement en Bourse commune	108		
Honoraires de Mᵉ Delestre	108		
Clerc et Crieur	24		
Location de la Salle &c. 2 jours	80 20		
800 Catalogues	318		
Transport et 2 journées Commiss.	16 10		
Pour Supplément de travail	20		
	1,270 05		
Déduire 5 % des acquereurs	171 30		
	1,098 75	1,098 75	
		2.326 75